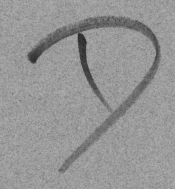

Era temprano por la mañana cuando Mike y yo cruzamos en automóvil las enormes puertas de piedra del Parque Nacional Yellowstone. A pesar de que era pleno verano, el aire era tonificante y la luz del sol brillaba sobre el rocío de la mañana. Llegamos temprano para poder encontrar un lugar donde acampar. Era la temporada alta de turistas y nos habíamos enterado de que todos los campamentos estarían llenos al mediodía. Nunca comprendí por qué Yellowstone era tan popular, pero estaba a punto de descubrirlo.

Después de reclamar uno de los lugares que quedaban para acampar, nos sentamos y miramos el mapa de Yellowstone. El parque es enorme. Cubre el extremo noroeste de Wyoming además de parte de Idaho y Montana. Aunque tuviéramos todo el verano, nunca podríamos explorar la totalidad del parque así que marcamos con un círculo las áreas que parecían más interesantes. La atracción más cercana estaba un poco más adelante. Nos subimos de nuevo en el automóvil y nos pusimos en marcha hacia "Mammoth Hot Springs" (Aguas Termales Mammoth).

A esa hora ya había muchos turistas por todas partes. Cada año, unos 3 millones de personas visitan el Parque Nacional Yellowstone. Parecía como si todos hubieran escogido la misma semana que nosotros. A pesar de ir en automóvil, nos movíamos más lentamente que los que iban caminando. La gente se apiñaba como

Esa noche, mirando fijamente al cielo lleno de estrellas, me di cuenta de por qué tanta gente acude a Yellowstone. La mayoría de nosotros vivimos nuestras vidas como una rutina. Sale el sol, emprendemos nuestras tareas diarias y regresamos a nuestra casa caliente y a los programas de televisión favoritos. Lejos de nuestras ciudades artificiales y rutinas diarias, la naturaleza está esperando para asombrarnos con un géiser, una manada de bisontes o una tormenta de granizo. En Yellowstone siempre hay otra sorpresa a cada paso.

‹‹————————››

hormigas en una comida campestre y los niños pequeños corrían desenfrenadamente a pesar de las desesperadas súplicas de sus padres.

Por fin, después de dar varias vueltas al estacionamiento, encontramos un espacio libre. Caminamos esquivando a los demás turistas por los senderos de madera que llevan a las fuentes. Estas plataformas de madera elevadas se construyeron para proteger tanto a los visitantes como al medio ambiente. En muchas zonas de Yellowstone el suelo es como una corteza fina debajo de la cual hay agua hirviendo. Cada año, uno o dos turistas que se salen del sendero rompen la corteza y caen al agua hirviendo.

¿Por qué hay agua hirviendo debajo del suelo de Yellowstone? La Tierra no es una roca dura y sólida como parece desde la superficie. En lo más profundo del interior del planeta, la temperatura es extremadamente caliente. Es tan caliente que las rocas se derriten, formando una sustancia espesa y viscosa llamada magma. En la mayoría de los sitios, el magma está a muchas millas por debajo de la tierra. En Yellowstone, está mucho más cerca de la superficie y se puede sentir su calor si se toca el suelo. Las rocas calientes hacen subir la temperatura del agua que se infiltra en el suelo, convirtiendo a Yellowstone en una tierra de aguas termales y vapor.

A medida que caminábamos, la plataforma crujía y gemía bajo nuestro peso, como si quisiera llamar nuestra atención, pero yo sólo podía prestarle atención al agua musical y llena de colorido, y al vapor que se alzaba en ondulaciones. El agua emanaba a chorros del suelo y después se vertía en cascadas. Cada terraza parecía como el escenario de plástico de una película. Estas terrazas

aumentan de tamaño cada día, según se van solidificando los minerales disueltos en el agua caliente.

Las terrazas brillaban con un arco iris de colores. Los colores se deben a pequeños organismos, llamados algas, que viven en el agua. El color de las algas indica la temperatura del agua. En las aguas más calientes, las algas no pueden sobrevivir y por lo tanto son de color blanco. En aguas un poco menos calientes, sólo pueden sobrevivir las algas amarillas. Las algas de colores púrpura, anaranjado y marrón prosperan donde el agua es templada.

Mientras contemplábamos las terrazas llenas de colorido, las nubes blancas que flotaban sobre nosotros se hicieron más espesas, mostrando manchas de color gris. De repente, la lluvia se desplomó del cielo. Estábamos empapados antes de que pudiéramos echarnos a correr hacia el automóvil. Nos quedamos contemplando cómo se escurrían las gotas por el parabrisas del automóvil. La lluvia pasó tan de repente como había empezado y, a lo lejos, un arco iris indicaba el retorno de la cálida luz del sol.

Bajamos las ventanas y nos pusimos en marcha hacia el siguiente lugar de destino —el Gran Cañón de Yellowstone. Después de un viaje relajado por colinas y naturaleza primitiva, llegamos al río Yellowstone. El río era ancho y solemne, bordeado por hierbas y juncos donde patos y gansos flotaban sobre las aguas tranquilas.

A unas millas río abajo, las colinas empezaban a cerrarse sobre el río. El agua empezó a tomar velocidad y a excavar más profundamente la tierra. Cruzamos el río y estacionamos el automóvil. Cuando abrimos las puertas, oímos lo que parecía el rugido de un trueno pero el cielo estaba despejado. Vimos el origen del ruido

después de adentrarnos un poco en el bosque. El río Yellowstone se desplomaba por un precipicio y se estrellaba en el fondo de un cañón. Tan lejos como alcanzábamos a ver, unas paredes rocosas y escarpadas se alzaban sobre el río.

Mientras el sol bajaba hacia el borde del cañón, regresamos a nuestro lugar de campamento. Por el camino, a menudo veíamos grupos de personas fuera de sus automóviles y agachados en la maleza. Intentábamos buscar una explicación. Finalmente, paramos para ver cuál era el motivo de tal conmoción. Fijamos la mirada por entre unos árboles cercanos y avistamos una manada de bisontes. En paradas siguientes, vimos uapitíes, alces y cariacús. Los animales de Yellowstone están protegidos de los cazadores. Es uno de los pocos sitios en los Estados Unidos de América donde grandes manadas de animales todavía andan errantes.

A la mañana siguiente, visitamos "Old Faithful" (Viejo Fiel), uno de los puntos de interés más famosos de Yellowstone. "Old Faithful" es un géiser, uno de los 200 que se hallan repartidos por las depresiones del parque. Los géiseres son tipos curiosos. Son fuentes calientes que lanzan agua y vapor al aire. Cada géiser tiene una personalidad única. Los géiseres más potentes lanzan el agua a cientos de pies del suelo. Algunas erupciones duran sólo unos pocos minutos mientras que otras llegan a durar horas. Muchos géiseres son tan irregulares que es imposible predecir cuando volverán a hacer erupción. "Old Faithful", por el contrario, entra en erupción una vez cada hora y no ha fallado ni una vez en los últimos 100 años.

Llegamos a "Old Faithful" en el momento oportuno. Cuando nos sentamos entre los demás turistas, el géiser entró en erupción. Chorros repentinos de agua eran

arrojados con fuerza al aire para estrellarse después en la tierra mientras que bocanadas de vapor se alzaban en forma ondulante. Los abuelos se quedaban boquiabiertos, los niños chillaban y los jóvenes observaban el espectáculo en silencio. A nosotros nos hacía gracia la idea de que la naturaleza contara con su propia fuente de agua: el "Old Faithful".

Después de ver como "Old Faithful" entraba en erupción, decidimos hacer una excursión por un sendero que prometía una vista única del famoso géiser. El sendero empezaba en un área llena de actividad. La primera atracción era una fumarola —básicamente, un géiser sin agua. Cuando una fumarola entra en erupción, todo lo que sale es vapor. La fumarola que teníamos delante de nosotros parecía como la boca de la tierra que hubiera eructado al acercarnos. Salían de la tierra unas bocanadas de vapor gris mientras se filtraba en mi nariz un olor a huevos podridos. Observamos con las quijadas abiertas de estupefacción hasta que el olor empezó a ser una molestia —¡el cual perduró más de lo que uno hubiera podido imaginarse!

Para mí, las atracciones más interesantes fueron las aguas termales. Cada una tiene una apariencia, olor y sonido diferente a cualquier otra. Algunas parecían diabólicas y maliciosas, como la pócima venenosa de una bruja. Otras parecían ollas de agua hirviendo, limpia y transparente. Algunas tenían un color gris empañado o un amarillo enfermizo, mientras que otras estaban perfiladas por amarillos, verdes y azules brillantes. El agua de algunas fuentes termales se veía burbujeando y salpicando fuera de los bordes como si fueran piscinas rebosantes. Otras, faltas de agua, parecían más bien ollas de lodo burbujeante y de colores.

Avanzamos por el sendero, sudando bajo el calor del sol. Encontramos grupos de árboles quemados diseminados a lo largo del camino, recuerdo del incendio ocurrido en 1988. Los troncos de los árboles estaban negros como la noche pero muchas ramas estaban blancas —aparentemente se habían librado de las llamas abrasadoras. En algunos lugares, montones de flores jubilosas cubrían el suelo, dando color a la desoladora escena.

Llegamos al mirador después de un largo ascenso. Nos asomamos al valle. Dispersadas en forma irregular, las nubes de vapor se elevaban en el aire. "Old Faithful" era fácil de distinguir —su chorro subía más alto que ningún otro. Permanecimos sentados por un rato observando el vapor debajo y las nubes arriba. El cielo se estaba preparando para su tormenta de la tarde. Después del aguacero del día anterior, ya estábamos familiarizados con estas tormentas repentinas. Esta vez estábamos preparados con impermeables.

La lluvia empezó ligeramente pero pronto aumentó en intensidad. El sendero se convirtió en lodo. Caminamos con trabajo, bombardeados por grandes gotas de lluvia pero contentos de estar debajo de los impermeables. Los relámpagos blancos fulguraban entre las nubes grises y los truenos rugían. Entonces, de repente, el granizo empezó a golpearnos y a estrellarse contra el suelo. Las bolas de granizo eran más pequeñas que guisantes, así que ¡hacían más cosquillas que daño! Más tarde, a lo lejos, se asomaba un pedazo de cielo azul. Nos metimos debajo de un árbol y esperamos a que saliera el sol. Con caras sonrientes, caminamos de vuelta al automóvil chapoteando sobre el suelo mojado con los zapatos empapados.